le chihuahua

Direction éditoriale : Hervé Chaumeton
Suivi éditorial : Laurence Dechel
Relecture : France Fauchère
PAO : Francis Rossignol, Isabelle Véret
Photogravure : Stéphanie Tridoux

ISBN : 978-2-84416-949-5
N° d'éditeur : 84416
Dépôt légal : juin 2010

Achevé d'imprimer : mai 2010
Imprimé en Chine par Toppan Leefung

le chihuahua

Emmanuelle Dal'Secco

ARTÉMIS
ÉDITIONS

Sommaire

Vivre avec son chihuahua 30

Côté pratique 56

introduction

du lourd !

On affirme que c'est la plus petite race de chiens au monde. Et pourtant le chihuahua est un colosse, en tout cas côté tempérament. Il est victime de nombreux clichés, on le considère tantôt comme un prestigieux gadget tantôt comme une poupée… sanguinaire ! Agressif, aboyeur, teigneux… Les clichés vont bon train. Longtemps considéré comme le chien-chien pour mamies aigries, depuis peu comme le compagnon des lolitas, le Mexicain au grand cœur refuse de se soumettre aux stéréotypes. Non, le chihuahua n'est pas un « chi-chien » à sa maman. À l'instar du chat au temps des pharaons, il était vénéré chez les Aztèques. Un succès pérenne puisqu'en France la race a triplé ses naissances LOF en 3 ans (de 1 153 en 2006 à 3 032 en 2009). Des pyramides précolombiennes aux manchons des starlettes d'Hollywood, voici plusieurs siècles d'histoire à la mode « chi ».

Fiche d'identité

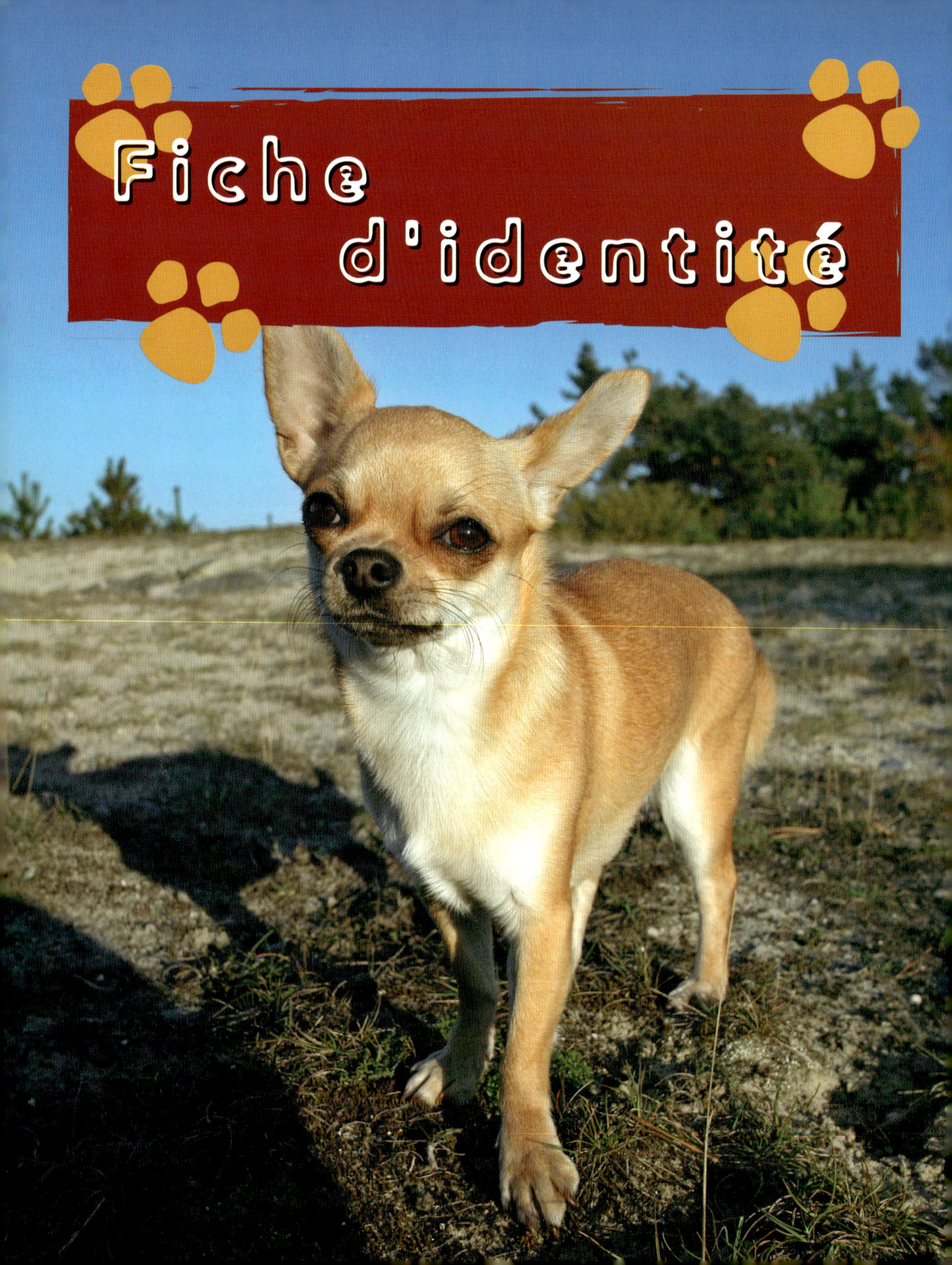

Chihuahua

Origine : Mexique.

Les 350 races reconnues dans le monde sont classées, selon leur type morphologique et leurs fonctions, dans une nomenclature établie par la Fédération cynologique internationale (FCI) qui comporte dix groupes. Le chihuahua fait partie du 9e groupe, celui des « chiens d'agrément et de compagnie » (au même titre que le carlin, le bouledogue français, le caniche ou le cavalier king charles, leader de son groupe avec 7 192 naissances en 2009), section VI « chihuahuenos », sans épreuve de travail. En 2009, la race a enregistré 3 032 naissances. À titre d'exemple, le « numéro un », le berger allemand, reste indétrônable avec 11 321 naissances la même année.

Le standard de la race est géré officiellement en France par le Club du chihuahua, du coton de tuléar et des exotiques.

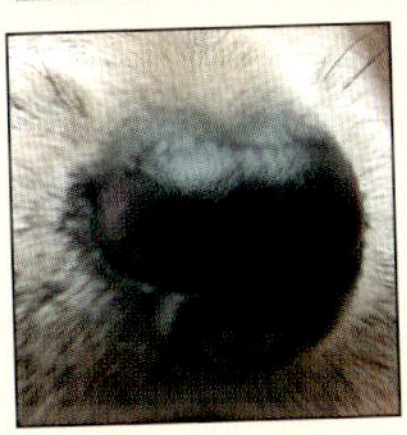

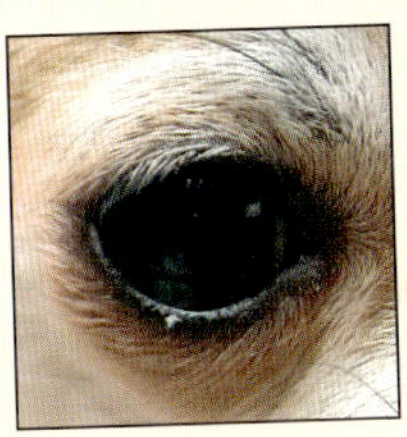

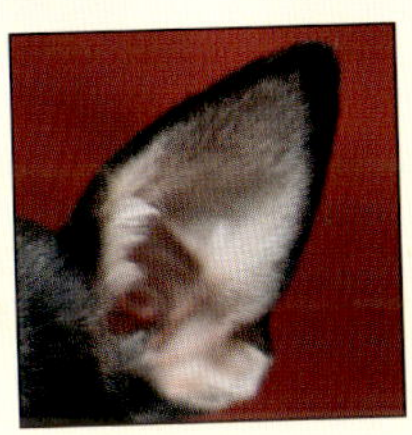

Standard de la race

Voici le standard officiel du chihuahua, publié par la Société centrale canine (SCC).

• Poil : pas de fanon ; dans la variété à poil long, la présence d'un poil plus long formant crinière est extrêmement souhaitable.

• Peau : lisse et élastique sur toute la surface du corps.

Dans cette race, on ne tient pas compte de la taille mais seulement du poids. Le poids idéal se situe entre 1,5 et 3 kg. Toutefois, les chiens entre 500 g et 1,5 kg sont acceptés. Les sujets pesant plus de 3 kg seront disqualifiés.

• Oreilles : grandes, dressées, largement ouvertes. Au repos elles sont inclinées latéralement en formant un angle de 45°.

• Yeux : grands, arrondis, très expressifs, pas saillants, parfaitement foncés ; les yeux de couleur claire sont admis, mais pas recherchés.

• Cou : bord supérieur légèrement galbé, longueur moyenne, plus épais chez les mâles que chez les femelles.

• Membres antérieurs : droits et de bonne longueur. Vus de face, les antérieurs forment avec le coude une ligne droite ; vus de profil, ils sont d'aplomb.

• Membres postérieurs : d'aplomb et parallèles, ils sont bien musclés ; leurs os sont longs ; en correspondance avec les antérieurs, ils présentent de bonnes angulations des articulations coxo-fémorales, du genou et du jarret.

• Pieds : très petits et ovales, avec les doigts bien séparés mais pas écrasés ; il faut procéder à l'ablation des ergots, sauf dans les pays où cette opération est interdite par la loi.

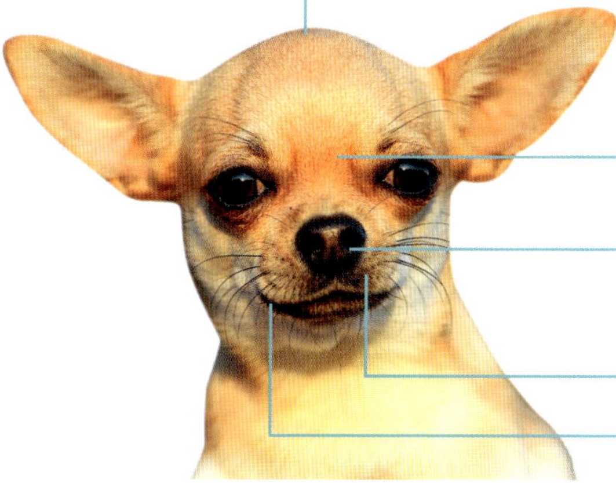

- **Crâne :** tête bien arrondie, en forme de pomme (caractéristique de la race), crâne de préférence sans fontanelle quoiqu'une petite soit permise.
- **Stop :** bien marqué, prononcé et large.
- **Truffe :** modérément courte et légèrement relevée, toutes les couleurs sont admises.
- **Museau :** court, rectiligne vu de profil.
- **Lèvres :** sèches et bien jointives.

- **Queue :** attachée haut, plate en apparence et de longueur modérée, elle est large à son attache et s'amincit progressivement vers son extrémité, portée haut en formant une courbe ou un demi-cercle, Le poil de la queue, selon la variété, est en harmonie avec le pelage du corps. Chez le chihuahua à poil long, le poil forme un panache. Au repos, la queue est tombante et forme un léger crochet.

- Ligne du dessus droite, garrot peu marqué, dos court et ferme, rein fortement musclé.
- **Croupe :** large et forte, presque plate ou légèrement inclinée.

- **Poitrine :** Large et bien descendue, côtes bien cintrées ; vue de face, spacieuse, mais sans exagération ; vue de profil, elle descend jusqu'au niveau des coudes ; pas en forme de tonneau.
- **Ligne de dessous :** nettement dessinée par un ventre bien remonté. Un ventre relâché est admis mais pas recherché.

Couleurs et modèles

Miniaturisé, caricaturé... Le chihuahua subit bien des excès. Le standard est heureusement là pour fixer quelques limites et lui éviter des dérives peu flatteuses.

C'est officiellement la plus petite race de chiens au monde, même si en termes de taille (autour de 20 cm de l'ongle à l'épaule), le standard n'impose rien. C'est le poids qui fait figure d'étalon. Au-delà de 3 kg, l'animal est écarté de la sélection. Mais ce sont les sujets pensant entre 1 et 2 kg qui ont la préférence, ce qui n'empêche pas les défis saugrenus, liés à la quête d'une miniaturisation à outrance. Il est vrai que le standard laisse la porte ouverte à tous les records puisque la limite inférieure est fixée à 500 g !

Maxi mini ?

On voit donc fleurir de nombreuses annonces vantant les mérites d'un « chihuahua miniature ». Mais de la même façon que le « rottweiler royal » (un monstre totalement hors standard) n'existe pas, le « chihuahua toy » est lui aussi une pure lubie. Pourquoi vouloir rétrécir un chien qui est déjà en soi une miniature, jusqu'à des dérives inesthétiques puisque les non-connaisseurs le définissent parfois comme une « chauve-souris avec des yeux de saint-bernard », sorte d'hybride microsco-

pique avec des yeux qui lui sortent de la tête ? Halte à l'hypertype s'écrient les passionnés qui redoutent de voir leur chien fétiche sombrer dans la caricature. « Il convient de garder une certaine mesure, s'indigne Catherine Cassagnes, éleveuse. Il a de grands yeux et en aucun cas des yeux globuleux ! Nous ne voulons pas qu'il devienne un "*tea cup*", c'est-à-dire un chien que l'on peut mettre dans une tasse. Quelle ineptie ! »

Des couleurs à foison

Côté robe, le chihuahua se décline en deux variétés : poil court ou long (les chiens sans poil ne sont pas acceptés). Sa « collection » propose une jolie palette de couleurs. Alors, même s'il est le plus souvent unicolore, il s'habille de toutes les déclinaisons et nuances possibles. Question de goût et de pays : au Mexique, c'est le noir marqué de fauve qui fait sensation, aux États-Unis l'unicolore vient en tête tandis que les Français préfèrent les robes bicolores et le chocolat. Il est à noter que le mariage entre un sujet de la variété poil court et de la variété poil long est interdit en France (dérogation sous conditions auprès du CCCE, le club de race).

Le « merle » sans voix

Le merle, un fond de robe grise à taches noires, n'a plus la cote. Né aux États-Unis de quelques manœuvres obscures, probablement d'une retrempe avec d'autres races, cette couleur a connu un vif succès auprès des Américains. La France est restée longtemps épargnée par le phénomène jusqu'à ce que la couleur merle déferle dans notre pays il y a quelques années, sans que les juges – un peu perplexes – n'y voient rien à redire sur les podiums. Mais on s'est rendu compte que le croisement de deux chiens merle engendrait très souvent des tares sur leur progéniture. Le Canada et les États-Unis ont donc décidé de disqualifier les sujets de cette couleur, qui est également interdite par le standard français depuis octobre 2009. Le merle est donc désormais un sans-papiers !

Ses cousins

Peut-être le sang des chiens nus issus du Nouveau Monde coule-t-il dans ses veines, mais la ressemblance s'arrête là. De là à conclure que le chihuahua est unique...

Il a beau faire partie du même club de race en France, le coton de tuléar n'a rien de semblable avec le chi et n'a pas les mêmes origines. Quant aux chiens nus ou exotiques, sous l'appellation « chien du Pérou ou du Mexique », qui ont eux aussi rejoint le club, ils viennent des mêmes régions sud-américaines, mais sans qu'on puisse les considérer comme les proches cousins du chihuahua, même si on avance, dans la généalogie du chi, l'hypothèse d'un croisement entre deux races : un chien endémique des Amériques de couleur jaune avec un chien nu, probablement importé d'Asie par les Chinois (ce qui pourrait expliquer l'existence de chihuahuas nus encore actuellement aux États-Unis)...

Le chihuahua possède donc un type à part entière, même si certains sujets à poil long peu typés peuvent être confondus par les néophytes avec des épagneuls papillons ou des pinschers, proches en termes de robe et de format. Il est vrai que l'amalgame entre les chiens de petite taille est assez fréquent, en tout cas pour les non-experts. Mais les vrais passionnés ne sont évidemment pas dupes. Pour eux, le chihuahua est unique et inimitable !

Quels sont les points forts et les points faibles du chihuahua, de quoi faut-il se méfier, quels sont ses plus grands atouts ?

+

- Intelligent, vif
- Très proche de son maître
- Petit et facilement transportable
- Rustique et robuste, en dépit des idées reçues
- Grande longévité (entre 13 et 16 ans)

–

- Souvent aboyeur
- Réputation dépréciée ou empreinte de clichés
- Très vifs, toujours en mouvement
- Têtus avec un caractère fort, parfois dominant
- Difficile à reproduire et donc cher à l'achat

Histoires
de chihuahuas

insolites

Un chien en argent

En Belgique, le jack russell terrier (8 553), le chihuahua (7 609), notamment chez les Flamands, et le bichon (5 387) composent le tiercé gagnant des chiens les plus enregistrés en 2008. Le premier grand chien, le labrador, n'arrive qu'en sixième position. L'évolution est flagrante : les petits chiens ont de plus en plus de succès et monopolisent les premières places.

Hold-up !

Les vols de chihuahua sont monnaie courante. Ce qui est plus rare, c'est que le voleur vienne rendre son butin. C'est pourtant ce qui est arrivé à un chiot dérobé dans une animalerie de Long Island, dans l'État de New York. Il a été redéposé dans une boîte à chaussures avec un mot d'excuses prétextant que les voleurs, certainement quatre adolescents identifiés par la caméra de surveillance, n'avaient pas eu les moyens de dépenser les 3 000 dollars (2 275 euros) requis pour s'offrir l'animal.

Passager clandestin

Un chihuahua vivant a été découvert par les douaniers de l'aéroport de Dublin en passant aux rayons X les bagages d'un passager. Ils ont d'abord cru voir une peluche avant de découvrir que le chiot était bien vivant. Cette petite chienne venue de Bulgarie était destinée à la vente. Le passeur a été arrêté pour contrebande d'animaux vivants.

Publivore

Le chihuahua fait les beaux jours de la pub. Aux États-Unis, il est la mascotte d'une chaîne de fast-food tandis que, récemment, en France, on l'a vu dans une campagne télé pour un opérateur de téléphonie mobile. Kiki, affublé d'une perruque, ose quitter sa blondissime maîtresse, confirmant « l'effet bimbo » qui colle à la race.

Compagnon virtuel

Après les « tamagotchi », petites bestioles lancées en France à la fin des années 1990, voici le chihuahua virtuel. Un créateur de jeux se lance en effet dans l'élevage de chiots électroniques sur iPhone. Ce jeu s'appelle iPuppy 3D et c'est un chihuahua qui en est l'égérie. Le but de cette application ? S'occuper du chiot comme on le ferait avec un véritable animal.

Autant en emporte le vent

La petite Tinkerbell (Clochette), un chihuahua de 8 mois, a été victime d'une mésaventure peu commune. Elle se rendait avec ses maîtres sur un marché lorsqu'un orage avec des vents à plus de 110 km/h s'est abattu sur la ville. Difficile, même pour un « bipède », de résister à cette tempête, alors que dire de ce frêle compagnon de moins de 3 kg ? Elle s'est littéralement envolée sous les yeux de sa maîtresse, qui pourtant la tenait en laisse. Plus de cinquante personnes ont participé aux recherches pendant 24 heures, avant qu'elle ne soit retrouvée, indemne, à plus de 1 km du lieu de « décollage » !

où déjeuner ?

Le chihuahua, ce héros

Rares sont les chiens qui peuvent se vanter de valoir des millions de dollars au box-office. C'est pourtant le cas du chihuahua qui fait sensation dans une comédie à gros budget.

En mars 2009, les Studios Disney lancent une nouvelle superproduction : *Le Chihuahua de Beverly Hills*. Un succès considérable pour cette comédie dont le héros est... un chihuahua ! Le « pitch » : Chloé, une petite chienne de Beverly Hills, toute pomponnée, se perd accidentellement dans les rues de Mexico. Seule pour la première fois de sa vie, elle rencontre des amis inattendus pour lui tendre une patte secourable et l'aider à retrouver sa maison : un berger allemand qui a grandi dans la rue, Delgado, et un chiot énamouré, Papi. Lors du casting, plus de 200 chiens ont été auditionnés pendant des mois par Mike Alexander, coordinateur animalier, et une équipe de soixante dresseurs a été recrutée pour entraîner et soigner les animaux.

Ciné-carni-vore

À l'occasion de la sortie du film, une première insolite avait été organisée : une projection uniquement réservée aux chihuahuas. C'est donc le Publicis drugstore des Champs-Élysées qui a accueilli ce parterre d'invités d'ordinaire laissés sur le trottoir. Ils étaient une centaine à avoir répondu à l'invitation. C'est « Chihuahua », le tube planétaire composé en 2002 par l'Argovien DJ BoBo, qui est devenu, en toute logique, la chanson du générique.

Un collier de diamants

Les costumes du film ont été dessinés, aussi bien pour les animaux que pour les humains, par une chef costumière qui, de son aveu, « a eu la surprise de découvrir qu'il existait un vaste marché car les amoureux de chiens ont créé une vraie mode canine, y compris bottes de randonnée, maillots de bain, lunettes de soleil, petits sacs ou bijoux ». Dix-sept costumes ont été spécialement conçus pour Chloé par des couturiers, inspirés par les collections de Chanel et de Valentino. Et il fallut plus de 3 semaines pour monter son collier en diamants.

où déjeuner ?

Histoire

Viva Mexico !

Comme pour toutes les races anciennes, ses origines sont sujettes à polémique. Certains prétendent que les aïeux du chihuahua furent introduits sur le continent américain par les conquistadors et d'autres par les Chinois. Seule certitude : le chihuahua a bel et bien transité par le Mexique.

L'origine du chihuahua est évidemment inscrite dans son nom. C'est un gringo venu du Mexique, et plus particulièrement de l'État éponyme. On prétend qu'il vivait en liberté dans cette région et qu'il a été capturé et domestiqué par des indigènes de la civilisation toltèque (les conquérants des Mayas) vers le IXe siècle. À l'époque des Aztèques (qui ont supplanté les Toltèques au XIVe siècle), la figure d'un chien nain appelé « Techichi » était représentée sur des monuments de Tula. Il était autant apprécié pour sa charmante compagnie que pour… sa viande, à l'instar des chiens nus qui servaient de nourriture aux Aztèques. Les vestiges mis au jour attestent néanmoins de l'importance qu'il pouvait avoir, au même titre que d'autres figures mystiques. Ces petits chiens avaient d'ailleurs la réputation de conduire les âmes vers l'au-delà. On les enterrait donc avec leur maître, ce qui a permis de retrouver un grand nombre d'ossements dans les sépultures.

Du sang aztèque

L'anéantissement des grandes familles aztèques, lors de la conquête du Mexique par les troupes de Fernando Cortez, faillit sonner le glas de cette race de chien indigène. Seuls certains sujets purent échapper au massacre et survivre dans l'ombre jusqu'au XIXe siècle. Mais, en 1850, l'intérêt pour la race est relancé par la découverte de croquis qu'une équipe d'archéologues américains a mis au jour dans un palais édifié par un empereur aztèque et qui représentent des individus très proches du chihuahua actuel.

La folie des touristes américains

C'est d'ailleurs grâce aux ressortissants américains venus en touristes au Mexique et séduits par ce petit modèle attachant, que la race connut un nouvel essor. Le premier chihuahua fut inscrit au Livre des origines de l'American Kennel Club en 1904. Il s'appelait Midget, ce qui signifie « miniature ». Le Club américain du chihuahua fut fondé quelques années plus tard, en 1923. Les amateurs choisirent de privilégier la variété à poil court, tandis que son homologue à poil long fut ignoré jusqu'en 1952. Il fallut attendre les années 1960 pour qu'il déferle en France et qu'un club de race soit créé pour s'investir dans sa défense et sa promotion. Pari réussi aujourd'hui !

Super Star

Il fait régulièrement la une des magazines people, dans les bras de stars hypersexy. Au risque d'être considéré, parfois, comme un simple accessoire du dernier chic…

Compact et mignon, ce « compamignon » poids plume est certainement l'un des chiens les plus prisés des stars, avec un succès immodéré auprès des playmates platinées puisqu'il partage l'affiche avec l'artiste principale de *La revanche d'une blonde* ou la vie de Britney Spears. Mais c'est surtout Paris Hilton, qui a assuré (à tort ?) sa popularité. On lui reproche, en effet, d'utiliser son chien comme un accessoire de mode. C'est la frénésie chez les lolitas, au risque d'offenser tous les maîtres qui ont choisi ce chien par passion et non pour agrémenter leur look ! Certains couturiers proposent même des collections pour habiller et accessoiriser le chihuahua. Cette frénésie a eu, outre-Atlantique, deux conséquences négatives pour cette race : une dévalorisation de son statut de chien et une belle flambée des prix ! Face à cet engouement jugé dérisoire, le comité Chihuahua Club of America, qui rassemble les défenseurs et propriétaires aux États-Unis, n'a pas manqué de s'en prendre à Paris Hilton, en l'accusant d'avoir lancé la mode du « chien accessoire ». Le club souligne qu'un animal n'est pas un gadget et prétend que, lorsque les « gamines » le réalisent, elles ont tendance à abandonner ces pauvres bêtes sans défense. Une loi vient donc d'être votée, laquelle interdit la vente de chiens de petite taille à toute personne n'ayant pas atteint la majorité légale américaine fixée à 21 ans !

Noble cause

Mais preuve que le chihuahua ne saurait se contenter de stéréotypes, il échappe parfois aux lobbyings des blondinettes pul-

peuses puisque l'acteur américain, Mickey Rourke, qui exprime sa redoutable virilité dans un rôle de boxer sur le retour dans *The wrestler*, en a possédé plusieurs. Lors de la cérémonie des Golden Globe, endeuillé par la perte de l'un de ses compagnons, il avait d'ailleurs déclaré en venant chercher son trophée : « Parfois lorsqu'un homme est seul, tout ce qui lui reste, c'est son chien ! » Un maître engagé puisqu'il posait récemment sur une affiche pour Peta, organisation américaine de défense des animaux. Contraste saisissant entre le muscle et la fragilité de notre poids plume qui n'a d'autre objectif que de sensibiliser à la surpopulation canine qui entraîne des abandons en masse. Le slogan est sans équivoque : « Ayez les couilles de stériliser votre chien ! »

portrait
d'un champion
de l'amour à revendre

Cette graine de canidé n'a d'autre destinée que d'offrir sa compagnie. Mais cette vocation a parfois des effets pervers que les passionnés de la race tentent de juguler…

Pas très utile, le chihuahua ! Ni chien de chasse ni compagnon de travail, pas vraiment athlète. Certes, le roi des expos ! Mais la seule beauté (et encore, certains ne le trouvent pas vraiment séduisant) suffit-elle à donner toute sa légitimité à une race ? Alors avoir un « chi », à quoi ça sert ? Réponse : à donner de l'amour. Un animal taillé sur mesure pour la compagnie. Fidèle et loyal, il accepte de vivre n'importe où, y compris en appartement, à condition de rester auprès de son maître et d'avoir des sorties régulières. Sa petite taille est, pour cette fonction, un atout appréciable.

Mais à n'être destiné qu'à l'affection, il a pris le risque de devenir un « enfant gâté ». Chien de société, de canapé, de tasse à thé… Voici quelques clichés dont on l'affuble volontiers. Figure de mode, il inspire les créateurs qui dessinent pour lui des collections ultra « chi-chic », jusqu'à friser le ridicule. Jolie poupée, tendre peluche… Certains ont même tendance à le prendre pour un chat et l'éduquent à faire ses besoins dans une litière. Bref, le mexicain nain ne sait plus trop qui il est. Alors les passionnés de s'écrier tous en chœur : un chien, seulement un chien !

Côté Sport

Prétendre que le chihuahua est un athlète serait peut-être un peu exagéré mais de là à penser que c'est un chien apathique…

En dépit des apparences, ce micro-compagnon possède une belle énergie qui lui permet de suivre son maître, même dans l'effort, d'être résistant à défaut d'être endurant. Longtemps niché dans les manchons, il revendique aussi son droit à la vitalité. Frédérique Le Guern a offert cette chance à certains de ses protégés. Elle raconte leurs prouesses en agility. « J'ai monté un parcours avec une série d'obstacles dans mon jardin et je pratique avec deux d'entre eux. Ce sont de vrais petits lièvres, de bons sauteurs, y compris dans les cerceaux, mais leur principale qualité, c'est d'être à l'écoute. Ils sont vraiment motivés par le plaisir qu'ils peuvent donner à leur maître. » L'agility offre à ce petit chien surprenant qui a tant à prouver le mariage idéal entre sport et obéissance, fusion du corps et de l'esprit, et lui permet de démentir bien des clichés. Il n'existe malheureusement pas de « micro-catégorie » au format du chihuahua en agility, par manque de recrues. Il doit donc se contenter de la catégorie mini qui se transforme pour lui en véritable marathon.

Clown et danseur

C'est pourquoi il est préférable de réserver cette activité à des morphologies adaptées, des chiens dans la tranche supérieure (plus de 2,5 kg) avec un corps long, une bonne détente et qui ne présentent pas de faiblesse au niveau des rotules.

Le chihuahua est un clown, un acteur, parfois un danseur qui possède également toutes les qualités pour le dog dancing ou obérythmée (chorégraphie entre un maître et son chien). Mais même s'il ne se lance pas dans ce type de disciplines spécifiques, le maître doit avoir à cœur de proposer des activités à son compagnon. Or le fait de rester lové dans les bras ne lui permet pas de développer une musculature digne de ce nom pour, au moins, se hisser avec agilité sur un canapé ! « Lors d'un voyage en Grèce, explique Frédérique, je suis montée avec trois de mes chiens en haut d'une colline et j'ai bien cru que l'un d'entre eux allait rendre l'âme. La résistance à l'effort varie apparemment selon les individus. » Alors à défaut, et si vous lui promettez les sommets, reste l'alternative sac à dos...

Vivre avec son chihuahua

il nous fait craquer

Ils ont craqué pour sa bouille atypique... Quatre histoires, quatre portraits de ces maîtres contaminés par le virus « chi » et qui pour rien au monde ne souhaiteraient en guérir...

Frédérique Le Guern, maîtresse de 8 chihuahuas (72).

« Un chien avec une grosse personnalité ! »

« Question chihuahuas, je ne compte que par huit. À seulement 28 ans, j'ai déjà six mâles et deux femelles ! Mais, je l'ai promis à mon compagnon qui a du mal avec les poils et les aboiements, j'arrête là. J'ai succombé à cette passion en 2004 alors que je me rendais dans un salon de toilettage pour raisons professionnelles. J'ai vu un petit bout de chou dans le fond du magasin. Et moi qui avais pourtant plein de clichés sur les petits chiens, j'ai été séduite. J'en ai acheté un, puis j'ai récupéré son père et vous imaginez la suite... J'avais décidé d'arrêter mais ma femelle a fait le mur et est allée voir l'un de mes mâles. Résultat : deux de plus, six au total ! Puis une amie éleveuse a fait naître un mâle chocolat avec un défaut de poils sur la tête, alors, bien sûr, j'ai eu pitié ! J'ai donc monté un petit élevage familial, puis un site Internet (http://chihuahuavalley.do-goo.com) qui réunit une communauté de passionnés. Et c'est Archie qui apparaît sous les traits de Kiki dans la publicité pour Virgin mobile, avec Bianca en arrière-plan, dupliquée trois fois. Le chi, ce n'est que du bonheur et rien de tel après une journée de travail pour recharger vos batteries. »

Catherine Cassagnes,
de l'élevage de Misandre (77).
« J'ai choisi les deux extrêmes : élever des chihuahuas... et des dogues allemands ! »

« Imaginez le contraste : 80 kg contre à peine 2. J'élevais des dogues depuis longtemps mais j'ai un jour perdu mon caniche. Je voulais un autre chien de canapé et j'ai découvert le "chi". Et j'ai alors cédé à cette seconde passion. C'est un vrai chien dans un petit corps, avec un incroyable tempérament, qui sait ce qu'il veut et utilise tous les stratagèmes pour que l'on s'intéresse à lui. Contrairement au dogue qui s'avère assez placide, c'est un chien très présent et vif d'esprit. Et, en dépit des apparences, un molosse est bien plus facile à éduquer qu'un chihuahua. Il véhicule le stéréotype du petit chien hargneux et de la tête à claques. Sans éducation, il peut devenir un petit "merdeux". Pas vraiment dangereux, certes, mais assez embêtant, alors qu'avec le dogue on n'a évidemment pas le droit à l'erreur. Mais, avec une bonne éducation et un peu de fermeté, le chi est un vrai trésor. Un compagnon vif, sociable, dynamique. J'avais envie d'un chien avec du répondant, avec un caractère affirmé et une grosse personnalité. C'est gagné ! »

Jessica Deslandes, maîtresse de six « chi » et maman de deux enfants.

« Les chis vont par paire car ils détestent la solitude ! »

« Moi je suis folle d'animaux. Une vraie Brigitte Bardot ! Nous voulions donc un chien mais mon conjoint avait peur des gros chiens. J'avais en tête un petit modèle à poil court qui pourrait me suivre partout, facile d'entretien car je voulais tout faire moi-même, sans passer par un toiletteur. Alors, évidemment, lorsque j'ai vu le chihuahua en photo, je suis tombée en extase. J'ai adopté une petite femelle non LOF. La première d'une vaste meute. Un éleveur m'avait prévenue que les chihuahuas allaient par paire parce qu'ils détestent la solitude. Alors une deuxième femelle est entrée dans notre vie. Puis une troisième... jusqu'à cinq. Mon conjoint est fan, mais il me dit : « Tu n'aurais peut-être pas dû en prendre autant ! » Je ne voulais que des femelles et puis un jour j'ai craqué sur le minois d'un magnifique mâle. Une petite crise à mon conjoint et le tour était joué ! Depuis, j'ai fait reproduire deux de mes chiennes et je possède désormais la carte d'éleveur amateur. Mais ce sont avant tout des chiens de compagnie qui s'entendent à merveille avec nos deux enfants. Le plus jeune, âgé de 2 ans, est encore un peu brusque avec eux, mais les chihuahuas supportent avec une indulgence sans limite ses excès ; ils sont secoués et ballottés comme de vulgaires pantins sans jamais se rebiffer. »

Coline Moreau-Bondu, star des podiums de handling à 8 ans (72).
« Mon plus bel objectif : la mondiale de 2011 ! »

« J'ai plus d'une vingtaine de chihuahuas à la maison, mais il y en a vraiment quatre que je considère comme les miens, dont Colinette que j'ai moi-même baptisée. Ma mère voulait la donner et je savais qu'elle n'aurait pas le cœur de le faire si elle portait le même nom que moi. Je les ai tous éduqués et j'ai même aidé Décibel à sortir de sa poche à la naissance. Ce sont de vrais chiens savants mais ils savent aussi être coquins, mignons, câlins et complices. J'en ai jusqu'à douze dans mon lit. C'est un peu le bazar car ils adorent jouer avec mes cheveux. Si mes chiens ont bien travaillé, je les assieds sur le canapé et, en guise de récompense, je leur joue un air de piano. Ils apprécient le classique car on leur passe France Musique dans la nurserie. Ma grande passion, c'est le ring. Je ne vis que pour les expos et j'y passe tous mes week-ends. Je commence à préparer mes chiens dès l'âge de 6 semaines. Ils sont parfaits en handling (expo) car ils ont un caractère fort et fier et savent se faire respecter. Avec Bergame, j'ai remporté le championnat de France en 2009. Je connais toutes les règles et c'est même moi qui forme parfois nos stagiaires. Alors, mon plus bel objectif: la mondiale de 2011. »

tel maître / tel chien

Existe-t-il un stéréotype du « maître chihuahua » ? Pour le savoir, nous avons dressé le portrait de propriétaires fictifs, avec des motivations éparses. Bon pour le « chi » ou pas, voici le verdict !

Il vous manque un accessoire pour votre prochaine soirée...

... et le chi c'est trop top ! Gare aux caricatures. L'effet de mode a ses effets pervers et, avec ce « gadget » plutôt coûteux, vous risquez d'en prendre pour 20 ans. Un caprice avec du tempérament qui risque de vous passer l'envie de faire la fête.

Vous êtes dynamique et vos proches vous conseillent ...

... plutôt un labrador. Changez d'amis ! Malgré sa réputation de chien de salon, ce canidé miniature, particulièrement vif et joueur, a des ressources qui pourraient vous surprendre.

Vous recherchez un comparse pour assurer le gardiennage...

... de votre immense propriété. À préciser, SVP ! Le chihuahua peut se révéler un excellent chien de garde, pas vraiment spécialisé dans le corps à corps mais plutôt dans l'alarme sonore. Sa voix stridente devient dans ce cas le plus efficace des atouts !

Vous êtes une adorable grand-mère avec une boîte à gâteaux bien pleine.

Cela se discute ! Disons que, si la grand-mère a de la poigne, c'est mariage gagnant. Dans le cas contraire, elle pourrait bien, faute de limites, se laisser dévorer au même titre que ses petits sablés.

Vous avez une ribambelle d'enfants qui voudraient pour Noël un cadeau singulier.

À voir... Cette cohabitation doit être placée sous surveillance car l'animal peut se montrer agressif s'il se sent en danger. Il reste également un chien gracile, à manipuler avec précautions.

le chiot chihuahua

À la naissance, il ne pèse que 70 g. À 22 mois, il dépasse à peine les 500 g. Un chiot tutti riquiqui…

« Quelques grammes de tendresse dans un monde de brutes. » C'est ce que scande un slogan publicitaire pour un chocolat et il convient parfaitement à notre chihuahua. La race façonne des nouveau-nés extra-plume, particulièrement fragiles et donc précieux. D'autant plus précieux que le chihuahua n'est pas spécialement prolifique : on compte de deux à quatre chiots par portée avec un risque très fort de mortalité. Certaines portées peuvent atteindre cinq chiots, mais qui naissent souvent prématurément et ne sont donc pas forcément viables. C'est pourquoi la course à la miniaturisation accroît plus encore ce risque majeur. « Or, précise une éleveuse, nous avons fréquemment des appels de clients qui nous réclament des chiens de moins de 1 kg. Il faut qu'ils aient conscience qu'ils s'exposent à de gros soucis de santé et de longévité. De rares éleveurs s'obstinent à vouloir sélectionner des chi miniatures alors que de si petits formats doivent rester "accidentels". Les femelles trop chétives ne doivent pas se reproduire et, malgré une césarienne systématique, elles ont une chance sur deux de mourir lors de la mise bas. À moins de 2 kg, le risque est énorme. » Sans parler des carences pour les chiots qui auront, à l'âge adulte, une ossature hyperfine et des risques cardiaques importants alors que le chihuahua est en principe un chien qui a une constitution solide.

Une mise bas délicate

Une césarienne est presque systématiquement exigée à cause de la taille de la tête des chiots. « C'est un élevage compliqué, continue l'éleveuse, qui recommande d'être hyper réactif, d'avoir de bonnes connaissances, beaucoup de sang-froid et un excellent vétérinaire. Je déconseille vraiment à un amateur d'assumer seul la mise bas. » Et Frédérique Le Guern, éleveuse amateur de confirmer : « Il n'y a pas de place pour l'amateurisme dans la reproduction du chihuahua car il faut être en mesure d'assurer les bons gestes. Lors de ma première mise bas, j'ai perdu deux chiots sur quatre et j'ai mis un an à m'en remettre. »

Des bêtises de son âge

Une fois mis au monde, les précautions ne font que commencer. Le chihuahua, même s'il s'avère résistant en termes de santé, reste néanmoins un chien fragile, notamment son ossature. C'est pourquoi il est recommandé de ne jamais laisser son chiot seul sur un meuble, même bas, ou un canapé, car toute chute peut causer une commotion cérébrale, parfois mortelle. Lorsqu'un maître prend le temps de s'amuser avec son chiot, mieux vaut qu'il soit assis par terre. Comme chez toute autre race, quelques dommages sont inéluctables : grignotage des meubles, pipis anarchiques ou déchirures en tout genre…

Sucre vital

Reste un problème qui mérite toute l'attention des néophytes : l'hypoglycémie, une baisse de sucre dans le sang qui survient fréquemment chez les chiots de petites races avant l'âge de 6 mois. C'est un problème important à prendre en considéra-

tion si vous comptez le laisser plusieurs heures seul à la maison. À cause de sa petite taille, il emmagasine moins d'énergie que les autres. Après l'effort, offrez-lui des nutriments (vendus en tube en animalerie ou en cabinet vétérinaire) contenant des sucres naturels pour éviter une carence trop importante dans son organisme. À titre préventif, on préconise même de lui en donner tous les matins du sevrage jusqu'à 8 mois. En cas de crise (il est somnolent, tangue sur ses pattes ou tombe par terre), administrez-lui immédiatement ces nutriments ou, le cas échéant, du sucre pur, et, mieux encore, du miel !

Vrai ou faux ?

le chien klaxon ?

La plupart des races véhiculent bon nombre de clichés et d'idées reçues qui construisent, souvent à tort, leur image. Mais qu'en est-il du chihuahua ?

On le prétend jappeur, aboyeur, carrément insupportable. L'image du roquet vociférant lui colle à la peau, au point de l'affubler d'un drôle de surnom : le « chien chanteur » ou, plus prosaïquement, le « chien klaxon » ! Un cri haut perché, plutôt exaspérant. Mais de l'avis des amoureux de la race, un véritable mythe. Et comme le précise une éleveuse, c'est un compagnon que l'on emmène partout, y compris dans les lieux totalement interdits comme le cinéma, dissimulé dans un sac, ce qui le contraint donc à rester discret. Comme tout autre chien, il n'aboie que lorsqu'il cherche à donner l'alerte ou à signaler la présence d'un étranger, et il ne le fait avec excès que s'il a été mal éduqué. Alors dès que cette propension s'exprime, n'hésitez pas à le réprimander en le menaçant d'un « non » ferme et à le complimenter lorsqu'il garde le silence. Quelques astuces complémentaires peuvent vous aider à l'éduquer : agiter une bouteille remplie de pièces lorsqu'il feint d'ouvrir le bec ou l'asperger avec un pistolet à eau. Ces méthodes demandent un peu de persévérance et impliquent la participation de tous les membres de la famille. Mais soyons francs, lorsqu'on sonde les maîtres sur son principal défaut, c'est bien l'aboiement qui arrive en tête !

Son éducation

Du signe du dominant, ascendant tête à claques, le chi fait parfois tourner en bourrique ceux qui ont la faiblesse de céder à ses caprices. Une éducation placée sous haute surveillance…

Que dire de ces grand-mères qui, faute de fermeté, sont traumatisées par leur chien et ne peuvent même plus rentrer dans leur propre lit. La faute à qui ? Aux maîtres bien sûr ! Alors mieux vaut prendre le mal à la racine car, chez ce rebelle, le tempérament ne se compte pas en kilos. De l'avis de tous, ce mini-format a un caractère poid lourd. Un chien en somme et, au risque de se répéter, ni un gadget, ni une parure, ni une poupée, ni un substitut d'enfant. Certaines races de chiens de manchons, comme le cavalier king charles, font preuve d'un caractère plus placide, mais le chi tient la dragée haute à quiconque ose le défier.

Une intelligence vive

Une éducation s'impose donc dès les premiers instants. N'ayez pas peur d'intégrer un club en vous disant, à tort, que c'est l'apanage des molosses et autres chiens de défense. D'autant qu'on prétend que le chihuahua est vif, doté d'une intelligence rare et donc capable d'apprendre très vite. Un seul message à lui faire parvenir, surtout si c'est un mâle : vous avez décidé de rester le maître de la meute !

Sur le plancher des vaches

Mais ce combat doit être mené tout en finesse car le chihuahua n'aime pas l'autorité. Et face à trop de fermeté, il peut devenir très craintif et, par conséquent, potentiellement agressif. Il requiert beaucoup de subtilité. Un chien

porté sans cesse par son maître a tendance à penser qu'il est en mesure de dominer. Une attitude qui accentue son agressivité, y compris envers les membres de la famille. Alors s'il jappe ou affiche ses canines lorsqu'il est sous votre protection, reposez-le immédiatement à terre en prononçant un « non » ferme. Et s'il insiste, mettez-le dans un enclos, à sa place, sur le plancher des vaches !

Mode d'emploi

Quelques écueils, bien tentants, à éviter : ne pas le laisser dormir dans la chambre, et encore moins dans le lit, pas d'accueil à la porte (c'est à vous de l'accueillir) ni de caresses à la demande (c'est vous qui décidez), ni d'effusion lors des départs (indifférence totale), ni de nourriture à table, ni de gamelle en continu, ne pas le porter lors des promenades. Bref, lui enseigner les ordres de base avec un seul objectif : ne jamais céder à ses caprices !

point de vue de pro

Les conseils de Joseph Ortega, éthologue, créateur de l'École du chiot (ecole.du.chiot.free.fr)

« Des dérives liées au surmaternage. »

« C'est malheureusement un chien à la mode et on assiste à certaines dérives liées à un surmaternage. C'est un défaut plus fréquent dans les petites races que dans les grandes, ce qui leur donne souvent cette réputation de roquet. Il est vrai que certains maîtres ont tendance à le considérer plus comme une poupée que comme un chien, notamment en prenant la très mauvaise habitude de le porter toujours dans leurs bras. L'animal devient alors hyperpossessif et peut se montrer agressif avec ceux qui approchent son maître. Le seul remède : l'éducation. Mais, chez cette race, elle fait souvent défaut.

C'est un tout petit chien avec un énorme caractère qui peut donc faire l'objet de quelques débordements. C'est pourquoi il est important de bien le socialiser avant 3 mois : le sortir, élargir au maximum son univers, le laisser côtoyer les autres chiens comme les humains. Non, le chihuahua n'est pas un prolongement de son maître. C'est un chien à part entière qui donnera le meilleur de lui-même en restant à sa place de canidé ! Une preuve ? Malgré sa petite taille, il se comporte souvent comme un vrai chien de garde. On ne peut pas en dire autant d'une poupée ! »

Question cohabitation

Avec son maître

Très dévoué à son maître, fidèle, protecteur… Voici ce qui revient le plus souvent dans la bouche de ceux qui l'aiment. Et de surcroît particulièrement câlin, en dépit de son tempérament vif. « Une pile sur pattes avec un cœur plein d'amour » selon Daniel, un fan de la race. Très affectueux, il demande de la compagnie et du temps pour les caresses. Son format discret lui permet de suivre son maître dans la plupart des circonstances, y compris les plus insolites.

Avec les enfants

Le chihuahua fait en général preuve d'une grande tendresse envers les enfants, mais la race ne présente pas vraiment de constance dans ce domaine et la relation peut aller de la plus grande indifférence à une agressivité souvent motivée par la crainte. Les éleveurs recommandent donc de ne pas laisser l'animal seul avec les plus jeunes d'autant plus que, en raison de sa petite taille, il peut être facilement blessé. Un chihuahua tombe presque toujours sur la tête en cas de chute. Or l'os qui protège son cerveau est aussi mince qu'une feuille de papier. De plus, la fontanelle n'est pas toujours refermée et une chute s'avère presque toujours fatale. Lors de l'adoption, il est recommandé d'en parler avec l'éleveur qui vous orientera vers un chiot dont le tempérament et surtout la taille peuvent correspondre à votre situation familiale.

Avec les autres animaux

Avec les chiens. Il cohabite assez pacifiquement avec les autres chiens. Comme avec les enfants, son format requiert toutefois quelques précautions pour ne pas le voir molesté par des congénères plus solides ou disparaître en une seule bouchée dans la gueule d'un molosse. « Il lui arrive néanmoins de vouloir se faire plus gros que le "dogue", explique Catherine, éleveuse des deux races. Mais c'est souvent pour se protéger. Une attaque qui a valeur de défense préventive. Mais, avec les chiens de la maison, aucun souci. Ils dorment pêle-mêle et il n'est pas rare de voir un chi juché sur le dos d'un dogue. » Joseph Ortega d'ajouter sa propre anecdote avec les molosses : « J'ai déjà vu un chihuahua très à son aise au milieu d'un groupe de rottweilers. Il est capable de faire face à n'importe quel chien et, si un plus gros que lui vient l'embêter, il n'hésitera pas à lui sauter dessus. »

Avec les chats. Mettons les choses au point : un « chi » vaut un demi-« chat », en tout cas en termes de poids. Alors même s'il peut faire preuve, en tant que canidé, de quelques velléités, il y a rarement, face au matou, péril en la demeure. Ce serait même plutôt l'inverse selon

Frédérique, heureuse maîtresse d'une meute atypique où se mêlent canins et félins : « Je viens d'adopter une chatte et ce serait plutôt elle qui les maltraite. Il y a aussi un lapin bélier qui semble satisfait de participer à cette joyeuse cohue. » Catherine Jaouen, éleveuse, confie qu'elle a laissé partir l'un de ses chiots chez une maîtresse qui possède une douzaine de chats sans que cela ne pose aucun problème, même si elle craignait que les félins ne le prennent pour un rongeur. « L'un de mes clients, se souvient-elle, me racontait que son chien s'était mis à hurler comme une furie en voyant un chat qui n'a dû son salut qu'à un arbre. Lorsque le persécuté a réalisé la taille de son agresseur, il a fait demi-tour pour le défier et le chi n'a eu d'autre recours que de se réfugier entre les jambes de son maître. »

Avec les autres animaux. Ce n'est évidemment pas un chasseur mais son instinct reste présent. Au cours d'une promenade, pas de risque majeur pour la faune indigène, même s'il lui arrive parfois de suivre une piste. Son attachement indéfectible à son maître le ramène assez rapidement à ses pieds. Valérie Moreau-Bondu, de l'élevage du Cèdre enchanté, peut en témoigner : « Nous avons recueilli une jeune chevrette de quelques heures dont la mère avait été tuée par des chasseurs et nous l'avons élevée au biberon au milieu de nos chiens. Au bout d'un an, celle que nous avions surnommée Bambi se prenait véritablement pour un chien. Elle volait leurs croquettes dans la gamelle et couchait dans leur panier. Elle était vraiment devenue l'une des leurs. Lorsqu'elle est morte, les chiens se sont regroupés autour d'elle en la léchant pour la réanimer. »

côté Santé

Une belle robustesse dans une poignée de grammes seulement. En dépit des idées reçues, le chihuahua est vaillant comme un taureau.

« Contrairement aux apparences et à sa petite taille, ce n'est pas un chien délicat, explique Catherine Cassagnes, éleveuse. Les miens n'ont jamais porté de manteau. Il y a également une autre dérive qui me préoccupe et qui a un réel impact en termes de santé. C'est le fait que certains passent des journées dans les bras de leur maître, sans jamais mettre pied à terre. Cela façonne alors des chiens sans musculature, qui savent à peine marcher. »

Venu du Mexique, il préfère évidemment les temps cléments et ne refuse pas une sieste au soleil avant de trouver refuge dans son petit coin douillet. Il ne craint pas le froid pour autant, redoutant davantage les brusques changements de température (au sortir d'un appartement surchauffé par exemple). Le léger tremblement qui

l'agite parfois ne doit pas tromper : il n'a rien à voir avec le froid ou la peur. Il est donc inutile de le couvrir, à moins que l'hiver ne soit excessivement rude. Méfiance toutefois avec les tout petits formats qui s'avèrent particulièrement délicats, avec une espérance de vie limitée et souvent inaptes à la reproduction.

Risque fatal : son maître !

Pas de problème de santé majeur donc si ce n'est une tendance au tartre (voir p. 52) ou à l'hypoglycémie (carence en sucre (voir p. 38-39) et de réelles précautions lors de la mise bas (voir p. 38). À surveiller toutefois : la luxation de la rotule qui affecte principalement les races de petits chiens. Ce problème, qui entraîne une boiterie et s'avère douloureux, peut être corrigé par une intervention chirurgicale, bien tolérée. Mais les modèles les plus légers présentent parfois une luxation des deux rotules sans que cela ne les fasse souffrir ou ne les empêche de courir. Les éleveurs professionnels, sans pour autant qu'il ne soit obligatoire, peuvent présenter un certificat vétérinaire qui atteste que les parents sont exempts de luxation.

Il est également important d'apporter une attention particulière aux tares oculaires (atrophie rétinienne progressive ou centrale, dysplasie ou dystrophie de la rétine et cataracte).

Le collapsus de la trachée est une affection assez fréquente chez le chihuahua, qui consiste en une malformation de la trachée provoquant occasionnellement des crises de suffocation appelées « back snooze », d'autant plus fortes que le chien est énervé. C'est une affection héréditaire dont la mise en évidence peut se faire par une radiographie. Bien que spectaculaires, les crises sont sans danger, et le seul remède est alors de calmer votre chihuahua et de le rassurer jusqu'à ce que cela passe.

C'est finalement de son maître qui vient le danger majeur : l'écrasement ! Un « pot de colle » qui risque sa vie à chaque pas...

alimentation

C'est un gourmand impénitent qui a tendance à s'inviter à table pour s'approprier, avec une moue implorante, les restes du repas. Mais gare à la tentation !

Son format exige une alimentation triée sur le volet et n'autorise aucun excès, d'autant plus que son estomac est disproportionné, ses intestins très courts et ses mâchoires conçues pour cisailler et mordiller, et non pour mâcher. Alors, même si la nourriture est sa seconde passion après son maître, mieux vaut veiller à limiter son alimentation en fonction de son âge, de sa taille et de son activité. Il faut avoir à l'esprit qu'il se contente de 80 à 100 g par jour. Un morceau de viande, un bout de pain ou une sucrerie çà et là auront donc vite fait d'alourdir sa ration. Le chocolat peut devenir un poison mortel, *a fortiori* chez un chien de si petite taille. En bref : ne risquez pas sa vie sous prétexte de lui faire plaisir.

Préférez l'alimentation sèche aux repas faits maison. Il existe des croquettes conçues spécialement pour les chihuahuas, en version chiot et adulte, en vente dans les animaleries. On trouve également des friandises adaptées dans le commerce. Surveillez régulièrement son poids, surtout si vous souhaitez qu'il reste dans le standard. Plus de 3 kg, et c'est la porte ! Enfin, ne le laissez jamais jouer et courir pendant plus d'une heure sans qu'il ne mange et ne boive, au risque de provoquer une crise d'hypoglycémie.

côté beauté

Somme toute rustique, le chihuahua sait rester nature et n'impose pas à ses maîtres des soins trop contraignants.

Avec la version à poil court, pas de problème, un simple coup de peigne ou le passage d'un gant de toilette humide puis d'une brosse douce pour la lisser, une fois par semaine, suffit à entretenir sa robe. Avec son homologue à poil long, la fréquence augmente (deux fois par semaine) pour éviter la formation de nœuds, y compris derrière les oreilles et la collerette. Contrairement au yorkshire qui véhicule depuis toujours une image de starlette ultra apprêtée, à grand renfort de petits nœuds et de papillotes, le chihuahua adopte un look bien plus naturel.

Pensez à nettoyer ses yeux proéminents, et donc sensibles à la poussière, assez régulièrement, avec une solution liquide adaptée (larmes artificielles). Comme beaucoup de chiens de petite taille, le chihuahua est sujet au tartre. Pour y remédier, procurez-vous une solution à pulvériser sur ses dents tous les soirs après son dernier repas. Les plus téméraires peuvent tenter un brossage minutieux, mais nettement moins apprécié par le « client ». C'est pourquoi il est important de l'habituer à ce soin dès le plus jeune âge.

en vieillissant

en vieillissant

Comme dans la plupart des petites races, le chihuahua possède une espérance de vie spectaculaire.

Contrairement au dogue allemand, un colosse à la durée de vie très limitée (en moyenne 8 ans), le chihuahua peut prétendre au double. Il fait parfois le bonheur de ses maîtres jusqu'à 16, 18, voire 20 ans. Mais cette longévité impose quelques précautions. Vers 7 ou 8 ans, il arrive fréquemment que l'animal perde ses petites dents implantées sur sa mâchoire miniature. Ce déchaussement provoqué par le tartre suppose une alimentation adaptée, un entretien des dents et des détartrages fréquents.

Et lorsque la « machine » commence à s'user, notamment dans le dernier tiers de sa vie, des affections cardio-respiratoires (endocardiose mitrale, collapsus trachéal ou souffle au cœur) peuvent engendrer des difficultés respiratoires et une intolérance à l'exercice. Il est donc important de préserver l'animal en évitant de le faire courir ou qu'il n'attrape froid. À 20 ans, c'est déjà un centenaire ! La maître sage évitera à un vieux chien poussif des efforts violents et de longues balades dans les bois. Contrairement aux gros chiens, sa conformation légère le met à l'abri des problèmes de dos ou d'arrière-train. En ce qui concerne son caractère, il lui arrive de se montrer agressif en réaction à la douleur mais ce comportement n'est pas spécifique à la race.

Côté pratique

Loi et règlement

En matière de réglementation, aucune loi particulière ne s'applique au chihuahua. Mais au moment de l'achat, quelques précautions s'imposent néanmoins...

À l'achat, l'éleveur doit vous remettre les documents suivants :

– L'attestation de cession. Ce papier mentionne les conditions de la transaction ; il est par conséquent très important et a valeur de contrat (tient lieu de facture).

– La carte d'identification. Tout chiot faisant l'objet d'une transaction doit être identifié par tatouage ou par puce électronique. L'éleveur remet un document officiel établi à son nom et qui porte le numéro d'identification.

– Le certificat de naissance (envoyé 2 ou 3 semaines après). En attendant, demandez à l'éleveur d'inscrire sur l'attestation de vente le numéro du dossier figurant en haut et à droite des documents qu'il a reçus de la SCC.

– Le passeport européen. Depuis la fin de 2004, un passeport européen fourni et rempli par le vétérinaire remplace le traditionnel carnet de santé. Il mentionne l'identification et la description du chien, le nom et l'adresse du maître et comporte des données sanitaires (vaccination, antécédents médicaux). Ce passeport est par conséquent indispensable pour voyager dans l'Union européenne avec son chien.

– Le document d'information. Selon la loi du 6 janvier 1999, une notice d'information doit être remise par le vendeur à l'acquéreur du chiot de race. Besoins et particularités y sont notifiés.

acheter

Le chihuahua est devenu l'une des races les plus populaires qui alimente un réseau d'éleveurs, importateurs et trafiquants en tous genres. Méfiance donc...

Le chihuahua serait-il, lui aussi, victime de l'effet « Nemo » ? Après la sortie du film d'animation qui a pour héros un poisson exotique, les parents, sous la pression de leurs chers garnements, se sont rués dans les magasins pour acquérir ce merveilleux trophée, au risque de dépeupler les eaux tropicales. Il en va de même pour le chihuahua après la sortie du film éponyme. Un engouement déferlant auprès du grand public... et ses conséquences néfastes lorsque la mode s'en mêle. Certains éleveurs ont profité du filon pour se lancer dans la course, produisant des « types chihuahua » sans pedigree, avec les dérives physiques et comportementales qu'une telle approximation suppose. Et une fois le caprice assouvi, ces compagnons éphémères ont fini dans les refuges. Patti Bianco, vice-présidente du centre de sauvetage des animaux de l'État de l'Illinois (États-Unis), dit avoir vu ce phénomène plusieurs fois auparavant, « chaque fois qu'un film met à l'honneur une race spécifique », et notamment lors de la sortie des *101 Dalmatiens* en 1996.

Après avoir mûrement réfléchi votre décision d'achat, il est important de s'adresser à un éleveur recommandé par le club de race (liste sur le site du CCCE). Comptez entre 1 500 et 2 000 euros, selon les origines, chez un professionnel ! Plutôt cher le gramme s'étonnent certains lorsque la plupart des races se négocient en moyenne autour de 1 000 à 1 200 euros. Mais ce prix est justifié par la difficulté à élever ce petit format et le nombre de chiots limité par portée. « On ne va pas cacher, confie une éleveuse à demi-mots, que les tarifs ont réellement

augmenté ces dernières années mais pas forcément dans les élevages. Vous pouvez trouver des chiots de couleur merle (exclue par le standard depuis octobre 2009) à 3 000 euros dans certaines animaleries. C'est du délire ! Un chi sans papier en magasin coûte plus cher qu'un fils de champion chez un éleveur patenté. Autant adopter un corniaud à la SPA. D'autres maîtres croient acquérir des super miniatures qui atteignent 4 kg à l'âge adulte. Il faut vraiment se méfier, même chez certains éleveurs prétendus professionnels mais qui changent de race au gré de la mode sans être vraiment spécialistes de chacune d'elle. »

Quant au trafic de chiens en provenance des pays de l'Est, il est bien réel. La plupart des chiots trouvent un débouché dans les animaleries. Ils y sont présentés avant les 8 semaines légales pour jouer sur l'impact « mini », avec une absence totale de socialisation et des risques réels de mort prématurée car ces chiens excessivement petits se déshydratent très vite et souffrent souvent d'hypoglycémie. Des animaux élevés sans ménagement comme des poulets en batterie !

Attention ! La loi stipule qu'un chiot ne peut être vendu qu'à partir de 2 mois. Le vendeur doit remettre impérativement des documents à l'acquéreur (voir p. 58).

les grands rendez-vous

Expos, concours, rencontres amateurs... Voici les rendez-vous à ne pas manquer.

La Nationale d'élevage (concours de beauté) a lieu chaque année en février, à Bourges, et rassemble toutes les races gérées par le club, notamment le coton de tuléar et les chiens du Mexique et du Pérou.

Chaque année sont organisées des « Réunions amicales » de propriétaires : détente, repas, jeux, tombola, informations... Les adhérents peuvent en profiter pour faire confirmer leurs chiens et passer le TAN (Test d'aptitude naturelle). Calendrier sur www.ccce.org, rubrique Club puis Réunions amicales.

Liste plus complète de tous les événements cynophiles en France (expositions, manifestations, concours) sur www.cedia.fr

Le Championnat de France des chiens de race est le rendez-vous canin par excellence puisqu'il rassemble les champions de toutes les races. Il a lieu en général entre mai et juillet.

Chaque année, le chihuahua remet également sa notoriété en jeu à l'occasion du Salon de l'agriculture de Paris (début mars), lors du concours agricole, section canine, qui met en lice les champions récompensés lors des Nationales d'élevage. www.salon-agriculture.com

Contacts

Club du chihuahua, du coton de tuléar et des exotiques
Président : Daniel Arnoult
5, résidence des Courts Sillons
27120 Le Plessis-Hébert
Tél. : 02 32 26 17 05
www.ccce.org

Merci à Valérie Moreau-Bondu (Le Grand-Lucé, Sarthe), élevage du Cèdre enchanté, et à Catherine Cassagnes (Boulancourt, Seine-et-Marne), élevage de Misandre, qui nous ont accueillis pour la réalisation d'une partie des photos qui illustrent cet ouvrage.
Élevage de Misandre (77) : 01 64 24 11 07 ou 06 16 19 75 59. Site : http://misandre.com
Élevage du Cèdre enchanté (72) : 02 43 44 66 64. Site : www.cedrenchante.com

Société centrale canine (SCC)
Tél. : 01 49 37 54 00
www.scc.asso.fr

Société protectrice des animaux (SPA)
Tél. : 01 43 80 40 66
www.spa.asso.fr

Crédits photographiques

F. Dal'Secco : 1, 7, 8, 9 (les 7), 10, 11 h, 11 b, 12, 13 (les 3), 15, 16-17, 18, 22, 23 h, 23 b, 26 g, 26 d, 27, 28-29, 30-31, 33, 35, 36 g, 36 d, 37 g, 37 d, 38-39, 39 h, 39 b, 40, 41 h, 41 b, 42 (les 4), 43, 45 h, 45 b, 46 (les 3), 47 b, 48, 49, 50, 52, 53, 54, 55, 56-57, 58 (les 3), 59, 60-61, 62, 63 (les 3), 64 ; **Fotolia.com :** 6, 20, 21 h, 21 b, 24, 25 h, 25 b, 44 g, 44 d ; **Hermeline/Cogis :** 14 h, 14 b ; **F. Le Guern :** 19, 28 b, 32, 47 h, 51.